UN CHRIST AUSSI BON QU'UN AUTRE

OU

LE MESSIE NAPOLÉON

UN CHRIST
AUSSI BON QU'UN AUTRE
OU
LE MESSIE NAPOLÉON

PAR

CARNI

Prix : 49 centimes.

PARIS
45, RUE DES SAINTS-PÈRES, 45

1881

« Fichez-moi donc la paix avec votre Jésus « il n'y a jamais eu qu'un Messie et c'était « Napoléon. »

Quand le capitaine X... avait dit cela, il ne fallait pas plaisanter : Le vieux n'aimait pas à rire.

Et il fallait l'entendre riposter :

« Vous qui riez, savez-vous seulement ce « ce que c'est que le Messie? Avez-vous ja- « mais lu les prophètes? — Non, n'est-ce « pas? — Eh bien! allez les lire!

« Vous êtes comme cela une quantité de

« gobe-mouches qui répétez : Jésus est le « Messie ! — Le Messie c'est Jésus ! comme « le perroquet radote : as-tu bien déjeuné, « Jacquot ? Si on vous demande sur quoi « vous appuyez vos dires, vous restez bou- « che béante. Et quand moi, je vous dis : « c'est Napoléon le Messie, et que j'apporte « des preuves à pleines mains, vous raillez ! « pourquoi ? vous n'en savez rien ? — « Na- « poléon le Messie ! » et de rire de plus « belle, oh ! Napoléon le Messie ! — Eh ! « certainement ! »

Le capitaine avait beau faire, il ne convainquait personne, et Dieu sait pourtant quel feu il mettait dans ses arguments, quelle logique dans son raisonnement, quelle foi dans son Napoléon Messie !

Et quel bonheur quand par hasard son vieux curé consentait à discuter avec lui! vrai Dieu! quels combats! je ne reconnaissais plus le capitaine, il était transfiguré, on lui répondait enfin! on le prenait au sérieux!

« Non, non, M. le curé, pas d'échappatoi-
« res! pas de subterfuges; répondez oui ou
« non. — Qu'est-ce que le Messie? — Celui
« qu'ont prédit les prophètes? oui, n'est-ce
« pas? — Bon. — Quelles sont donc les pro-
« phéties qu'a réalisées Jésus? Voyons, citez-
« les. »

— Mais, capitaine, toutes.

— Toutes! c'est bien vague, M. le curé, citez-les, citez.

— Mais il suffit d'ouvrir les saints Evangiles pour voir l'accomplissement merveilleux des prédictions des prophètes.

— Patati ! patata ; — donnez-moi des exemples ; il me faut des exemples.

— Eh bien ! n'a-t-il pas été appelé Nazaréen, comme il avait été prédit ?

— Qui a prédit cela ?

— Qui ? Mais... Isaïe, je crois.

— Isaïe n'a rien dit de cela, ni Ezéchiel, ni Daniel, ni Sophonie, ni Malachie, ni personne.

— Oh ! capitaine ! saint Mathieu cite cette prophétie.

— Eh bien ! c'est que saint Mathieu n'a pas lu la Bible.

— Oh ! capitaine !

— Oh ! capitaine ! ne prouve rien, avez-vous autre chose !

— N'est-il pas écrit : « une vierge enfantera ? »

— Oui, comme il est dit: les aveugles verront et les sourds entendront. — Eh ! Sacrédié, M. le curé, soyez donc sérieux ; quel diable de rapport voyez-vous entre votre Jésus et le bambin dont parle le prophète?... Et la chûte des rois d'Assyrie, et la levée du siége de Jérusalem, qu'en faites-vous? Ça vous gêne, vous sautez par dessus, c'est tout simple, n'est-ce pas ? En voulez-vous des prophéties de saint Mathieu? « *Le peuple qui était assis dans les ténèbres a* « *vu une grande lumière !... On a ouï dans* « *Rama des pleurs* , *de dents.*

« *J'ouvrirai ma bouche en similitudes. Voici « un roi qui vient monté sur un âne.* » Oui, les voilà vos prophètes et c'est là-dessus que vous échaffaudez l'autel de votre charpentier[1].

Le curé était déjà loin que le digne capitaine levait encore les bras au ciel et s'écriait : Quel entêtement, quand la lumière les éclaire, ils se cachent les yeux, quand les prophètes leur crient, voilà le Messie, ils se bouchent les oreilles. Eh bien, je les forcerai à voir et à écouter, patience. La lumière sera un jour si brillante qu'il faudra

[1] Pour qu'on ne nous taxe pas d'exagération, on trouvera à la fin de l'ouvrage, une note contenant les prophéties citées par les évangélistes comme s'appliquant à Jésus.

bien la voir, les bandeaux tomberont et tous diront comme moi :

Le Messie, c'était Napoléon.

Hélas, le pauvre capitaine ne vit pas le jour espéré ; une attaque de goutte l'emporta ; à peine avant de mourir eût-il le temps de me remettre un petit manuscrit et de me dire :

« Je te confie un trésor plus précieux que « les mines de Golconde, c'est la clef du grand « problème ; si tu as aimé ton vieux capi« taine, si tu lui dois quelque reconnaissan« ce, publie ce manuscrit. La vérité en sorti« ra, et ce me sera une consolation en mou« rant, de penser que mes travaux ne seront

« pas inutiles à la cause sacrée du vrai Mes-
« sie, de Napoléon ! »

Je tiens ma promesse.

LE MESSIE NAPOLÉON

Le Messie est-il venu ? — Oui, en dépit des juifs.

Etait-ce Jésus ? — Non, en dépit des chrétiens.

Qui était-ce ? — Napoléon !

Ce que nous avançons, nous le prouvons.

Oui, un homme est venu qui a accompli tout ce qu'avait annoncé les prophètes : il a été le fort, le victorieux, le grand, le Christ, l'oint par excellence, et nul ne l'a reconnu : *Oculos habent et non vident, aures habent et non audiunt.*

Mais il a fait son œuvre et son nom est dans toutes les bouches, dans toutes les mémoires ; sa gloire fut si grande que, sans reconnaître en lui l'hôte attendu, l'univers l'a considéré comme un demi-dieu, les poètes (*vates*) l'ont acclamé, et dans un moment où l'enthousiasme et le génie lui donnaient une vue surhumaine, le plus grand d'entre eux l'a nommé comme on nomme la Divinité : LUI.

Nous n'avons pas l'intention de développer, dans ces quelques pages, ce magnifique enchaînement des prédictions qui de David à Malachie ont annoncé au monde le Messie Napoléon ; nous voulons seulement aujourd'hui poser la première pierre du temple que nous achèverons un jour d'élever à sa gloire ; aussi, ne citerons-nous pas les prophéties sur la révolution Française, nous ne montrerons ni le « *Pays plein de meurtres,* » (Ezéchiel VII, 23,) ni « *Le grand « niveau mis au milieu du peuple,* » (Amos VII, 8,) et nous ne commencerons nos extraits qu'à la naissance du Messie.

Où doit-il naître ? « *Dans une île* » répond Job. XXIX, 1 . *Ma racine s'étendait sur les eaux*[1]. *Les matelots l'ont amené sur de grandes*

[1] Nous nous sommes fait un devoir de ne pas changer un mot aux versets cités, nous prions donc le lecteur de ne voir dans la fréquente répétition des mêmes mots qu'une preuve de notre fidélité à suivre les textes. — Nous le prévenons aussi que nous avons suivi la Bible d'*Osterwald*, qui est adop-

eaux (Es. XXVII, 26.) *Les eaux m'avaient environné* (Jonas 1, 6.)

Son enfance doit être obscure : « *Je te rendrai petit parmi les nations et tu seras méprisé* (Abdias. 1, 2.) *L'éternel tire le petit de la poudre et élève le pauvre du fumier pour le faire asseoir avec les principaux du peuple* » Ps. CXIII, 7, 8.)

A peine donnerons-nous un souvenir aux morts de Vendemiaire, « *écrasés aux carre-« fours des rues* (Nahum III, 10) » et sur les marches de Saint-Roch, on pourrait objecter

tée par les Protestants, et est de beaucoup la plus répandue, en outre les réformés rejetant un certain nombre de Livres Sacrés, entr'autres les *Macchabées*, nous n'avons voulu nous appuyer que sur les textes dont l'authenticité n'est douteuse pour personne.

à cette prédiction le caractère vague et général que nous reprochons à juste titre à d'autres ; passons donc à celles dont la précision doit satisfaire les esprits les plus exigeants :

« *Il a fendu la mer* (Ps. LXXVIII, 13.) *Il*
« *mettra la main sur le pays et l'*Egypte *ne*
« *lui échappera pas ; il sera maître des trésors*
« *d'or et d'argent et de toutes les choses pré-*
« *cieuses de l'Egypte. Les Libyens et ceux de*
« *Cus seront à sa suite* (Daniel XI, 42, 43.) *Je*
« *t'ai connu dans le désert, sur une terre aride*
« (Osée XIII.) *L'Éternel frappera les Égyptiens*
« (Isaïe XX, 22.) *L'épée viendra sur l'Égypte*
« *et il y aura de l'effroi dans Cus, lorsque les*
« *blessés à mort tomberont en Égypte. Ceux*
« *qui soutiendront l'Égypte tomberont ; ceux*

« *qui lui donneront du secours seront brisés*
« (Es. xxx, 4, 6, 8.)

« *Ses chevaux sont plus légers que les* Léo-
« pards ; *ils ont la vue plus aigüe que les*
« *loups du soir, sa cavalerie se répandra de*
« *toutes parts* (Habacuc 1, 8.)

« *La chair de chacun se fondra, eux*
« *étant debout, et leurs yeux se fondront*
« *dans leurs orbites, leurs langues se fon-*
« *dront dans leurs bouches* » (Zacharie xiv,
« 12.)

La terre de Juda sera l'effroi de l'Egypte
(Is. xix, 17.)

Ce serait insulter le lecteur de lui demander s'il a reconnu l'arrivée en Egypte, la Bataille des Pyramides, la cavalerie innombrable des mamelucks alliés du *Léopard* anglais, la peste de Jaffa et l'échec de saint Jean d'Acre sur la terre de Juda.

Mais que dire après avoir lu ces prédictions du retour d'Egypte ?

« *Des nouvelles viendront de l'Orient* (saint « Jean d'Acre) *et de l'Aquilon* (Défaite d'A- « boukir) *qui le troubleront et il sortira avec « fureur* (Daniel XI, 14.) *J'appelai mon fils « hors d'Égypte et il n'y retournera pas* (Osée « XI, 15.) *On les épiera sur le chemin comme « un* Léopard (Osée XIII, 7.) — *Ton che- « min a été la mer, tes sentiers dans les grosses « eaux, et tes traces n'ont pas été connues* (Ps. « LXXVII, 20.) *Quand tu passeras par les eaux, « je serai avec toi* (Is. XLIII, 2.) *L'Eternel a « dressé un chemin dans la mer et un sentier*

« *dans les eaux impétueuses* » (Is. XLIII, 16.)

Bonaparte est de retour en France, et, de concert avec son frère Lucien s'empare du pouvoir, au dix-huit Brumaire.

« *Un homme prendra son frère de la maison* « *de son père et lui dira : Tu as un habit, sois* « *notre conducteur* (Is. III, 6.) C'est moi qui « appelle de l'Orient un oiseau de « proie *et d'une terre éloignée un homme qui* « *accomplira ce que j'ai résolu ; je l'ai dit* « *et la chose arrivera. J'en ai formé le dessein,* « *je l'exécuterai* (Is. XLVI, 11.) *J'ai élevé ce-* « *lui que j'ai choisi parmi le peuple.* (Is. « LXXXIX, 20.) »

Ecoutez maintenant : Entendez-vous « *la* « *trompette qui sonne à Sion et fait du bruit*

« *dans la montagne.* » Voyez-vous sur le Saint-Bernard « *ce peuple grand et puissant qui se répand sur les montagnes comme l'aube du jour?* » C'est l'expédition d'Italie, entrevue par Joël (II 1, 2 ;) « *Ils courent comme « des cavaliers et sautent sur les sommets des « montagnes avec un bruit de chariots, « comme la flamme qui dévore le chaume, c'est « un peuple puissant rangé en bataille* » (Joël II, 4, 5.) « *Les rochers seront brisés devant « lui* » (Nahum. I, 6.) « *Il a fendu les ro- « chers* » (Ps. LXXVIII, 15.) « *Il y aura aux « montagnes le bruit d'une multitude, comme « un grand peuple, les coteaux seront abaissés, « les lieux tortus redressés, et les lieux mon- « tueux aplanis. Ils viendront de loin, du pays « d'Aquilon. Tu fis des choses terribles que*

« *nous n'attendions pas*[1] ; *Tu descendis et les* « *montagnes s'écroulèrent devant toi.* » Isaie XIII, 4 — XL. 4 — XLIX. 11, 12 — LXIV. 3.) « *Ils seront détruits par l'épée* »(Ps. LXIII, 12[2].)

De qui s'agit-il, sinon du duc d'Enghien, quand le prophète s'écrie : *Il se tient aux embuches de village* » (Ettenheim) « *Il tue l'innocent dans les lieux cachés* » (Les fossés de Vincennes) Ps. X, 89.

Le concordat et la paix éphémère d'Amiens sont peints en quelques lignes, mais quelles lignes !

« *Je retrancherai le nom des faux dieux du* « *pays, on n'en fera plus mention* » (Zach,

[1] La concentration de l'armée à Dijon avait été tenue secrète avec le plus grand soin.

[2] Marengo.

XIII, 2.) « *Ils jugeront selon le droit que j'ai « établi : Ils garderont mes lois et mes statuts* » (Ez. XLIV, 24.) « *Ils rebâtiront ce qui aura été « longtemps désert ; Ils rétabliront les lieux « qui auront été auparavant désolés* » (Is. LXI, 4.)

« *On sèmera en paix*[1] » (Zach. VIII, 12.) « *Toute la terre a été mise en repos et en tran- « quillité et ils ont éclaté en chants de triom- « phe* » (Is. XIV, 7.) « *La paix! il n'y avait pas « de paix! L'un bâtissait la muraille ; l'autre « l'enduisait de mortier mal lié. — Dis à ceux « qui l'enduisent de mortier mal lié qu'elle « tombera* (Es. XIII, 10, 11.) *Où est le plâtre*

[1] La paix d'Amiens a été conclue le 1er octobre 1801, par conséquent au moment des semailles.

« *dont vous l'avez plâtrée ?* (Es. XII. 13) *Cha-*
« *cun d'eux a violé son accord*[1].

« *Les paroles de sa bouche sont plus cou-*
« *lantes que le beurre, mais la guerre est dans*
« *son cœur ; ses paroles sont plus douces que*
« *l'huile, mais elles sont autant d'épées* » (Ps. LV, 21, 22.) « *Epée, réveille-toi.* » (Zach. XIII, 7.)

Quelques mots pour la promulgation du Code que Malachie appelle la *loi de Vérité* (II-6,) et qu'annoncent les psaumes inspirés du grand roi David (IX, 10-X. 18 LXXXIX, 32, 33) et arrivons à l'Empire, à son aurore éclatante. — Bonaparte devient Na-

[1] Bonaparte reprochait aux Anglais de ne pas évacuer Malte, et ceux-ci se plaignaient de la cession de la Louisiane et du Piémont à la France.

poléon et le vicaire du très-haut (αγγελος του θεου,) pose la couronne d'or sur la tête du soldat.

« *Qu'on lui mette une couronne éclatante* « *sur la tête, et ils lui mirent sur la tête une* « *couronne éclatante et* l'Ange de l'Eter- « nel *était présent* (Zach III, 5.) *Sieds-toi* « *maintenant* (Jer. XXXVI, 15.) *J'ai sacré mon* « *Roi* » (Ps. II, 6.) « *Tu as mis sur sa tête* « *une couronne d'or fin* » (Ps. XXI, 4.) *Nous* « *avons attendu ta faveur au milieu de ton* « *temple* » (Ps. XLVIII, 10.) » *Quel est ce Roi* « *de gloire?* » (Ps. XXIV, 10.) « *Il recevra la* « *bénédiction de l'Eternel* » (Ps. XXIV, 10.) « *Il* « *recevra la bénédiction de l'Eternel* » (Ps. XXIV, 5.) *Je l'ai* OINT (χριστος) *de ma sainte* « *huile* » (Ps. LXXXIX, 21.)

Pourtant le prophète au milieu de ces splendeurs ne se laisse pas éblouir par le grand aigle aux grandes ailes (Ezéchiel XVIII, 3) et embrassant d'un seul coup d'œil la destinée du fils de l'homme, Daniel s'écrie :

« *Ce royaume sera comme le fer parce que* « *le fer brise et rompt toutes choses, ainsi ce* « *royaume brisera et mettra tout en pièces, et* « *si les pieds et les orteils étaient en partie* « *d'argile et en partie de fer, c'est que ce ro-* « *yaume sera divisé : il y aura en lui la force* « *du fer, parce que tu as vu le fer mêlé à l'ar-* « *gile, mais comme les orteils des pieds étaient* « *en partie d'argile, ce royaume sera en par-* « *tie fort et en partie fragile* » (Daniel III, 40 à 42.)

Nous n'ajouterons qu'un mot : Daniel parlait il y a vingt-cinq siècles !

A peine l'empereur est-il sacré que la guerre d'Allemagne commence. Rappelé du camp de Boulogne, où il *étendait sa main sur la mer* (Isaïe XXIII, 11,) Napoléon accourt, s'empare d'Ulm (Ezéchiel XXXVII, 21 ;) *en un mois, il dévore ses ennemis avec leurs biens*[1], (Osée V, 7) repousse « *celui qui amenait des chariots, des chevaux, une armée* » (Isaïe XVIII, 17,) et « *devant les eaux remplies de sang,* » (Isaïe XV, 9) des étangs de Satschen et de Menitz où s'ensevelissent les bataillons Russes, le prophète, saisi d'enthousiasme à la vue du radieux soleil d'Austerlitz s'écrie :

[1] L'arrivée de Napoléon à Lintz est du 5 novembre 1805, Austerlitz est du 2 décembre.

« *Ils sont effrayés, ils tournent le dos ; leurs hommes forts ont été mis en pièces et ils s'enfuient sans regarder derrière eux ; la frayeur est partout* » (Jerem. XLVI, 5.)

Au milieu des cris de victoire, à peine entend-on au loin « *le vent de Tempête qui soulève les vagues de la mer* » (Ps. CVII, 25) et « *ces navires qui poussent des hurlements* » pour me servir de l'énergique expression d'Isaïe (XXIII, 14) « *parce que leur force est détruite* » dans les eaux de Trafalgar.

Ce n'est pas encore l'heure des épreuves et le héros poursuit son épopée messianique. En vain, « *les rois se donnent assignation et s'avancent tous ensemble* » (Ps III, 2) en vain *ses ennemis font du bruit, ceux qui le haïssent lèvent la tête et consultent finement en secret, contre son peuple*, en vain « *conspirent-ils d'un même courage et font-ils une ligue contre lui* (Ps LXXXIII, 3, 4, 6 ;) le Psalmiste met dans la bouche de Napoléon la certitude de la victoire : *Je ne craindrai pas au milieu des peuples qui sont rangés tout autour contre moi* » (Ps. III, 7 ;) Et il a raison de mettre sa confiance dans sa mission, car la bataille d'Iéna jette la Prusse à ses pieds.

« *Les cavaliers bondissent, le glaive brille,* « *la lance étincelle, il y a une multitude de* « *gens blessés à mort et un grand nombre de* « *tués* (Nahum III, 3.) *Celle qui était debout,* « *la Reine, a été faite prisonnière ; on l'a fait* « *monter, et ses suivantes l'ont accompagnée en* « *se frappant la poitrine* (Nahum II, 7.) *Toutes*

« *les forteresses*[1] *sont comme des figues qui,* « *étant secouées, tombent dans la bouche de* « *celui qui veut les manger.* » (Nahum III, 12.

Nous venons de voir avec quelle précision le prophète prédit les faits principaux de la campagne de Prusse ; les détails, sur lesquels nous passons, sont tracés avec la même exactitude scrupuleuse ; donnons seulement un souvenir à la paix de Tilsitt, si bien peinte dans ce verset de Daniel. (XII, 7) où nous voyons : *l'homme vêtu de lin qui était sur le fleuve*[2], *étendre la main et jurer* », à la guerre d'Espagne, où les malheureux Charles et Ferdinand sont « *pris dans les*

[1] Erfurt, Leipzig, Wittemberg, Dantzick, Prenslow, Lubeck, Magdebourg, Stettin, Custin, etc., etc.

[2] Le Niémen. — L'entrevue des deux Empereurs eut lieu sur un radeau, au milieu du fleuve.

rêts de leur adversaire » et au blocus continental.

« *Malheur à la nation maritime*, s'écrie Sophonie (II, 15.) « *Celui qui habite dans l'île* « *dira en ce jour-là : Comment pourrons-nous* « *échapper?* (Isaie XX, 9.) *Les îles ont vu et* « *ont été saisies de crainte* (Is. XLI, 5.) *Tous les* « *habitants des îles ont été désolés à cause de* « *toi* (Ezech. XXVII,3.)

En vérité, qui, sinon Napoléon pouvait dire : « *Mes princes sont autour de rois?* (Isaie « X, 8.) Qui *donnait la terre à celui qui était* « *puissant?* (Job.XXII, 8 ;) Lorsque nous lisons dans Daniel (VIII, 23) « *Quatre royaumes sortiront de cette nation* » qui ne se rappelle aussitôt les quatre royaumes feudataires d'Espagne, de Hollande, de Naples et de Westphalie ?

Nous nous sommes promis de ne tracer aujourd'hui que de grandes lignes, nous réservant de compléter plus tard notre ébauche, et cependant nous ne pouvons résister au désir de montrer à quelle précision les prophètes sont arrivés et nous citerons comme exemple les versets s'appliquant à ce royaume de Hollande, dont nous venons de voir la création.

Voici les paroles du saint-livre :

« *Tu t'assieds et tu parles contre ton frère* » (Ps. L, 20.) *Je t'ai donné un roi dans mon in« dignation et je te l'ai ôté dans ma colère.* » (Osée XIII, 2.) « *Tu as pris le gage de ton frère « sans raison* » (Job. XXII, 6.) C'est l'histoire de Louis en trois lignes[1].

[1] Nous pourrions facilement montrer que chaque

Ecoutons encore :

« *Elle n'est plus ma femme et je ne suis plus*
« *son mari* (Osée II, 2.) *Je ne prends plus gré*
« *à rien de ce qui vient de vos mains, a dit*
« *l'Eternel. Et pourquoi? Parce que l'Eternel*
« *est venu comme témoin, entre toi et la femme*
« *de ta jeunesse, contre laquelle tu agis perfi-*
« *dement, quoiqu'elle soit ta compagne, et la*
« *femme avec laquelle tu as contracté alliance.*
« *— Que personne n'agisse perfidement contre*
« *la femme de sa jeunesse* » (Mal. : II, 14 à 16.)

bataille, chaque combat même a été prédit comme par exemple la défaite des anglais à Valcheren si clairement annoncée par Sophonie (I. II.) Nous pourrions montrer chaque épisode du règne Messianique: La captivité du Pape pleurée par David et Jérémie, La capitulation de Baylen vue par Amos, mais nous craindrions de fatiguer le lecteur : d'ailleurs, la Bible est là, qu'il lise!

« *Ils se mêleront par des alliances humaines* « — *Il épousera la fille du Roi* (Daniel II, 43 — XI, 6.) *Il ne prendra pas de femme veuve* « *ni répudiée, mais il prendra une Vierge* « (Es. XLIV, 22.) *Des filles de rois seront parmi* « *tes dames d honneur* » (Ps. XLVI. 10.)

« *Elle conçut et enfanta un fils* (Osée I, 8.) « *Un enfant mâle nous est né* (Es. XX, 14.) *Un* « *enfant nous est né*, un fils nous a été « donné et l'empire a été posé sur « son épaule » (Isaie IX, 5.)

Oui, vous avez bien lu : l'empire a été posé sur son épaule ! et c'est ce verset, si clair, que les chrétiens veulent appliquer au fils du charpentier ! On croit rêver, en vérité, et on se demande si ce n'est pas une gageure contre l'évidence !

Mais tout, tout annonce Napoléon, tout prédit son règne triomphant et cette apogée grandiose de gloire et de puissance : **1811 !**

... O temps, où les peuples sans nombre,
Attendaient prosternés, sous un nuage sombre
Que ciel eût dit oui!
Sentaient trembler sous eux les trônes centenaires.

Ce que Hugo disait en 1832, les messagers divins l'avaient dit 2000 ans avant lui, et presque dans les mêmes termes.

« *Les nations le verront et elles seront hon-* « *teuses avec leur force, elles lècheront la pou-* « *dre comme le serpent* (Michée VII, 16, 17.) « *Qui pourra soutenir le jour de sa venue?* « (Mal. III, 2.) *Toutes les nations deviendront* « *lâches et tout cœur d'homme se fondra* (Isaïe « XIII, 7.) *Les rois le verront et se lèveront et*

« *les Princes se prosterneront, la nation ou le* « *royaume qui ne le serviront pas périront* « (Is. XLIV, 7 — LX 10, 12.) *Tous les rois se* « *prosterneront devant lui ; toutes les nations* « *le serviront* (Ps. LXXII, 11.) *Les hommes les* « *plus forts tremblent quand il se lève ; ils ne* « *savent où ils en sont, voyant comme il rompt* « *tout* » (Job. XLI. 16.)

Quelles peintures ! Quelle vérité ! Quelle poésie ! dans ce tournoi, le poète du XIXe siècle qui a vu est vaincu par le prophète qui prévoit !

Cependant les livres divins l'ont dit : L'épopée Messianique sera glorieuse et douloureuse ; aux heures de triomphe succéderont les heures de souffrance, aux cris de victoire vont succéder les plaintes des vaincus.

C'est Daniel qui nous introduit dans la voix douloureuse : Ecoutons-le :

« *Il viendra avec une armée et il entrera* « *dans les forteresses du Roi de l'Aquilon*[1] *y* « *fera de grands exploits et se fortifiera. — Le* « *Roi du Midi sera irrité et sortira contre le Roi* « *de l'Aquilon ; il assemblera une multitude* « *de gens et le peuple du Roi de l'Aquilon sera* « *livré dans les mains du Roi du Midi, et* « *ayant défait cette multitude, son cœur s'élè-* « *vera, et il en abattra par milliers, mais il* « *n'en sera pas fortifié, car le Roi de l'Aqui-* « *lon reviendra, assemblera une multitude plus* « *grande que la première et au bout de quel-*

[1] Wilna, Witepsk, Smolensk. — Remarquons ici le nom terriblement exact donné au souverain de la Russie : Le Roi de l'Aquilon ! Quelle merveilleuse expression.

« *que temps, il viendra avec une grande armée*
« *et un grand appareil. — En ce temps-là plu-*
« *sieurs s'élèveront contre le Roi du Midi et*
« *les enfants de son peuple se soulèveront, mais*
« *ils tomberont, puis le Roi de l'Aquilon*
« *viendra, il fera des terrasses, il prendra les*
« *villes fortes, et les bras du midi ni son peu-*
« *ple d'élite ne pourront subsister, car ils n'au-*
« *ront pas de force pour résister et celui qui*
« *sera venu contre lui fera sa volonté, car il n'y*
« *aura personne qui subsiste devant lui et il s'ar-*
« *rêtera dans le pays de gloire qui sera détruit.*»

Il n'est pas besoin de commentaires à cette page splendide, résumé merveilleux de la funeste campagne de Russie, et de l'invasion du *pays de gloire* par le *roi de l'Aquilon*. Tout a été prévu, jusqu'à la conjuration du général Malet (*enfants de son peuple soulevés.*)

Cette prophétie suffirait certes à elle seule pour prouver le caractère messianique de Napoléon, mais la Providence a voulu ne laisser aucune excuse à l'incrédulité.

Si Daniel a tracé les grandes lignes de la période du règne, d'autres envoyés divins en ont prédit les moindres épisodes.

Les villes seront détruites et les hauts lieux seront désolés dit Ezéchiel (VI, 6) et même, comme s'il craignait qu'elle ne passât inaperçue, il répète un peu plus loin sa terrible prophétie « *les villes peuplées seront désertes, et le pays ne sera que désolation* » (XII-20.)

Enfin l'épouvantable incendie de Moscou ne pouvait manquer d'être prédit par les messagers du très-haut : « *Le feu dévore devant lui, le feu dévore après lui* » (Isaïc, L, 11.) « *Une muraille de feu était tout autour* » (Zach. II, 5) « *La fumée viendra de l'Aquilon* » (Is. XIV, 31.) « *Le feu les a brûlés, ils sont devenus comme de la paille* » (Is. XLVIII, « 14.) *Le feu consume leurs gens d'élite* » (Ps. LXXVIII, 63.) « *Des charbons embrasés tomberont sur eux* [1] » (Ps. CXLII) Chaque prophète a fait allusion à la grande catastrophe, mais nul n'est plus précis que le farouche Ezéchiel : « *Les blessés à mort tomberont parmi eux, ils tomberont par l'épée, par la flamme, par la mortalité* » (Ps. V, 16, VI, 7, 8, 11.) Puis après avoir montré l'armée traversant dans sa retraite le terrible champ de ba-

[1] Comparez avec Ségur. *Camp de Russie*, tom. II, pag. 60

taille de Borodino « *cette campagne qui était pleine d'os* [1], » (xx) Ezéchiel s'écrie : « *Ne viendras-tu pas du fond de l'Aquilon, toi et plusieurs autres avec toi* [2], *tous gens de cheval, une grande multitude et* une grande armée, *car je te ferai retourner en arrière, ne laissant qu'un sur six* [3], *après t'avoir fait*

[1] Voyez Thiers, tom. XIV, pag. 393.

[2] Des Allemands, Wurtembergeois, Hanovriens faisant partie de l'expédition.

[3] Thiers établit ainsi, XIV, pag 670, le nombre de de ceux qui entrèrent en Russie.

Avant la campagne :

Grande Armée.	420,000
Corps du maréchal Victor.	30,000
Division Loison.	12,000
Division Durutte.	15,000
Alliés et bataillons de marche.	20,000
Autrichiens.	36,000
Total.	533,000

monter du fond de l'Aquilon, et ceux de la maison les enterreront sept mois[1], *afin de nettoyer le pays* » (XXXVII, 12. — XXXVIII, 15 — XXXIX, 2, 12.)

Isaïe dit la même chose dans son langage poétique : « *Le reste des arbres de sa forêt sera si facile à compter, qu'un enfant le mettrait bien par écrit* » (X, 19.)

Et pendant que Zacharie maudit, « *le pas-*

Après la campagne il restait :

Corps Schwartzemberg et Regnier.	40,000.
Corps de Macdonald (Prussiens et Polonais).	15,000.
30 à 40,000 soldats isolés, soit :	35,000
Total.	89,000.

Et le sixième de 533,000 est de 89,000. Nous n'ajoutons rien.

[1] Passage du Niémen 24 juin 1812. Retour à Kowno 12 décembre 1812. Remarquons que le prophète ne dit pas l'espace de sept mois, mais sept mois.

teur de néant qui abandonne son troupeau, » (XI, 17,) dans les glaces de la Russie le Psalmiste pleure sur cette armée jadis si magnifique : « *Ils ne sont plus qu'un petit nombre, errants dans le désert, ne trouvant aucune ville habitée, affamés et altérés, l'âme défaillante* »(Ps. CVII, 4,5, 39, et le souverain vaincu « *se hâte de se sauver de ce vent poussé par un tourbillon* » (Ps. LV, 9.)

Le premier coup a été porté au géant. « *Publiez ceci parmi les nations*, s'écrie Joël, « *que tous les gens de guerre s'approchent et « qu'ils montent : forgez des épées de vos « hoyaux, et des lances de vos serpes, et que le « faible dise : je suis fort. Nations, assemblez- « vous, accourez de toutes parts ; c'est ici que « l'Eternel abattra les braves* » (III, 7 à 12.)

Et en effet, « *toutes les nations se réunissent*

« *pour combattre* » (Zach. XIV, 2.) « *Elles ac-* « *courent en multitude du fond de l'Aquilon* » (Jérémie L, 9, 41.) En vain Napoléon fait-il des efforts surhumains : en vain « *souffle-t-il* « *sur les tués pour les faire revivre* » en vain « *ces morts revivent-ils et forment-ils une nou-* « *velle armée* » (Es. XXVII, 10) avec laquelle il remporte les victoires de Lutzen, de Bautzen et de Dresde, « *La terre est soulevée contre* « *lui* » (Job. XX, 27) « *et la multitude de ses* « *ennemis est comme la poudre même* » (Is. XXIX, 5.) « *Ils coupent les arbres de sa forêt par-* « *ce qu'ils sont en plus grand nombre que les* « *sauterelles, de sorte qu'on ne peut les comp-* « *ter* » (J. XLVI, 23.)

La sanglante bataille de Leipzig décide enfin du sort du monde « *et après avoir rem-*

« *pli de blessés à mort les rues de la ville* » le héros vàincu a encore la douleur de perdre le brave Poniatowski « *que les eaux débor-* « *décs entraînent au plus profond des flots* » de l'Elster (Ps. LXIX, 3.)

Il est temps d'abréger ces citations ; aussi, ne montrerai-je, ni Davoust réfugié à Hambourg avec « *les hommes vaillants qui cessent* « *de combattre et se renferment dans les forteres-* « *ses* » (Jérémie LI, 30,) ni la perte de l'Italie verdoyante et de la marécageuse Hollande, quand, « *l'Eternel retranche d'Israël la tête et* « *la queue, la branche et le jonc* » (Is. IX, 19) ; mais je ne puis passer sous silence la campagne de France et les derniers efforts du héros :

« *Une nation puissante et innombrable est*

« *montée contre mon pays,* » (Joël, I, 6.) « *Par-* « *ce que tu as dépouillé les nations, le reste du* « *peuple te dépouillera* » (Habacuc, 11, 8.) « *L'Eternel a rompu la Verge des domina-* « *teurs ; celui qui frappait avec fureur les* « *peuples de coups qu'on ne pouvait détourner,* « *qui dominait sur les nations avec colère est* « *poursuivi, sans qu'il puisse se garantir* » (Isaïe XIV, 6.) « *Parce que tu as aimé le sang,* « *le sang te poursuivra* » (Es: XXX, 6) « *son* « *règne sera détruit et partagé entre les qua-* « *tre vents des cieux et il ne passera pas à sa* « *postérité* » (Dan. XI, 4.)

Le même prophète dépeint la sainte alliance d'une manière extraordinairement précise : il la compare à « *une bête semblable* « *à un léopard qui avait quatre ailes d'oiseaux,*

« *cette bête avait quatre têtes, et la domination* « *lui fut donnée* » (Dan. VII, 6.) Je ne pense pas qu'il soit possible de mieux montrer l'union du léopard anglais avec les deux aigles à deux têtes de l'Autriche et de la Russie, ête étrange, en effet, avec ses quatre ailes . ses quatre têtes.

Ensuite nous voyons : « *six hommes*[1] *qui* « *viennent vers le chemin de la haute porte* « *tournée vers l'Aquilon*[2] » et quand *les en-* « *nemis sont devant la ville orgueilleuse qui se* « *tenait si assurée et qui disait : c'est moi et il* « *n'y en a pas d'autre que moi,* » (Soph. II, 15) « *ils se rangent en bataille tout autour, les*

[1] Les 6 puissances alliées : Angleterre-Prusse-Russie-Autriche-Espagne-Suède.

[2] Porte de Clichy.

« *gens d'élite tombent par les rues, et la terre* « *est ébranlée de la prise de Babylone, le cri* « *en est ouï parmi les nations.* » Et le prophète s'écrie : « *Comment n'a-t-on pas épargné la ville fameuse, la ville agréable?* » (Jérémie L. 14, 46-LI. 7-XLIX, 25 26.)

Alors le héros se voit abandonné de tous : « *ceux qui l'aiment et ses intimes amis se tiennent éloignés de sa plaie, ses plus proches parents se tiennent loin* » (Ps. XXXVIII ; 12, 13) « *et l'Eternel fait cesser son éclat et* « *jette à terre son trône* » (LXXXIX, 45.)

Daniel aperçoit ensuite le géant à l'île d'Elbe où « *il a planté les tentes de sa maison* « *royale entre les mers et où personne ne vient* « *le secourir* » (XI, 45.)

Il n'a d'ailleurs pas besoin des secours humains car le très-haut a dit : « *Je le ramènerai* « *du profond de la mer*[1] (Ps. XLVIII, 23,) il accourt et selon la promesse d'Isaïe, l'aigle vole de clocher en clocher (XL, 31). « *Ceux* « *qui s'attendent à l'Eternel reprennent de nou-* « *velles forces, les ailes leurs reviennent comme* « *aux aigles, ils courront et ne se fatigueront* « *pas, ils marcheront et ne se lasseront pas.* » Et Jérémie a dit : « *il volera comme un aigle* « *et étendra ses ailes*[2] » (I, XLVIII, 40.)

Malgré la crainte de fatiguer le lecteur,

[1] J'avais d'abord appliqué ce passage au retour d'Égypte, mais après bien des recherches, j'ai acquis la certitude que cette prédiction concernait le voyage de l'île d'Elbe à Cannes ; j'exposerai dans un second ouvrage les motifs qui ont déterminé ma conviction.

[2] L'aigle volera de clocher en clocher, avait dit l'Empereur.

nous ne pouvons nous empêcher de citer encore la prophétie dans laquelle Daniel flétrit la trahison de Bourmont, la veille de Waterloo. « *Le roi du midi s'avance en ba-*
« *taille avec une grande et forte armée, mais*
« *il ne subsistera pas parce qu'on formera des*
« *complots contre lui, et ceux qui mangent les*
« *mets de sa table le ruineront ; son armée sera*
« *accablée comme par un déluge et beaucoup*
« *tomberont blessés à mort* » (xi, 25-26.)

« *Mis au rang des malfaiteurs, poursuivi*
« *sans que personne le défende* » (Ps. LXXI, II.) le héros se livre à ses ennemis. « *Prenez-*
« *moi leur dit-il, jetez-moi dans la mer, et la*
« *mer s'apaisera,* » (Jonas 1, 12.) Mais il a eu tort de croire à la générosité du léopard :
« *On le chasse d'entre les hommes* » (Daniel IV,

32,) on le précipite « *dans un lieu ténébreux* » (Ps. CXLIII, 3.) « *On l'a fait descendre au sé- « pulcre, au fond de la fosse, ceux qui te ver- « ront, te regarderont et diront : N'est-ce pas « cet homme qui faisait trembler la terre et qui « ébranlait les royaumes? tous les rois des na- « tions sont morts avec gloire, chacun dans sa « maison, mais tu as été jeté loin de ton sépul- « cre, comme un tronc pourri* » (Isaïe XIV, 15 à 19.) Et là-bas à Sainte-Hélène, « *devenu le « compagnon des hiboux* » (Job XXX, 29.) « *couvert d'opprobre par ceux qui le haïssent* » (Ps. CII, 10) « *il les voit ouvrir leur gueule « contre lui comme un lion*[1] *déchirant et ru- « gissant* » (Ps. XXII, 14)

[1] Lowe, nom du geolier de Napoléon, signifie : Lion en anglais.

Ezéchiel annonce : « *l'épouvante du jour* « *de sa ruine* » (XXXVI, 18) et abonde en prophéties relatives à la captivité de Sainte-Hélène, mais il est temps de nous borner, et nous contenterons d'engager le lecteur curieux à consulter notamment : les versets 15 du ch. V. — 13 du ch. XII, — 8 et 9 du ch. XIX. — 28-29 du ch. XXIII. — 18-21 du ch. XXVI. — 8 à 10 du ch. XXVIII. — 11 du ch. XXXI etc.

Nous ne parlerons pas non plus de sa mort prédite par Job. XXI, 32 et tant d'autres, ni de celle du roi de Rome, à laquelle pensait Osée, lorsqu'il s'écriait : « *s'il élève* « *un enfant, je l'en priverai et il ne deviendra* « *pas un homme* » (IX. 12) et sur laquelle pleurait David (Ps. CIX, 8 à 13) ni de la restauration (Jérémie XXXI. 4.) La lumière n'est pas sous le boisseau, la bible est ouverte, la moisson est riche, et à peine avons-nous indiqué le chemin aux moissonneurs futurs.

Donc, nous l'avons prouvé, ou les prophéties sont fausses, ou Napoléon était le Messie ; toutes les arguties de la mauvaise foi ne pourront détruire ce dilemme.

Nous savons que des objections nous seront faites, on nous dira que le Messie doit naître d'une vierge, mais on n'aura garde de citer le passage d'où cette prétendue prophétie est tirée, car la fraude serait à l'instant découverte ; on nous dira qu'il doit naître à Bethléem, oubliant qu'un seul des évangélistes fait naître Jésus dans cette bourgade, et pour donner quelque vraisemblance à son fabuleux récit est obligé d'inventer une histoire grotesque de trois rois mages conduits par une étoile, et d'un massacre d'enfants, inconnu de tout autre que de lui.

Mais notre but n'est pas de prouver l'inanité de la légende chrétienne, d'autres l'ont fait avant nous, et mille fois mieux que nous ne le ferions[1] ; nous voulons construire et non démolir, et nous avons aujourd'hui posé la première pierre de l'édifice à l'achèvement duquel nous voulons consacrer notre vie.

Plus tard nous montrerons que Napoléon

[1] Voir : *Examen du Christianisme*, par Miron.

était bien le *νη πολις λεω*, le vrai lion de Juda, qui vient du bon côté (*bonâ parte*) le Maher Scelalbalbas du chapitre VIII d'Isaïe (arracheur de dépouilles, en grec *ν' απ πολυων*) nous prouverons qu'il était vraiment divin, lui enfanté par la joie (Lætitia) quand les enfants des hommes sont fils de la douleur ; nous établirons par des documents authentiques, par les discours de Cambacérès, de Fontanes, par les odes de Lebrun, de Delavigne, de Hugo, que pas un des titres messianiques ne lui a été refusé, qu'il a été nommé Fort, Victorieux, Grand, Libérateur, Médiateur, Protecteur[1] et que partout il a porté les grandes idées de Li-

[1] Ces deux derniers faisaient même partie de ses titres officiels : *Protecteur de la Confédération du*

berté, d'Egalité et de Fraternité, qui sont la base du monde nouveau, où tous les peuples, même les juifs si méprisés, si persécutés jusqu'à lui, ont part égale au soleil de la justice.

Alors nous demanderons comment les chrétiens expliquent ces milliers de clochers frappés par la foudre, ces autels emportés par les inondations, ces cataclysmes dans lesquels s'effondrent les cathédrales et les monastères, avertissements formidables de la colère divine, qui n'empêchent pas la

Rhin, Médiateur de la Confédération Helvétique. — La duchesse d'Abrantès dans ses mémoires (Tom IX, édit. Mame-Delaunay) lui donne textuellement le nom de Messie, et à propos des Juifs encore! Lire aussi la *Némésis* de Barthélemy, et tant d'autres dithyrambes.

foule aveugle de se précipiter au pied des autels foudroyés du crucifié du Golgotha.

Nous chercherons cette abomination de la désolation prédite par Daniel, et sans avoir besoin d'inventer des semaines d'années pour arriver à cinquante ans près [1] à la naissance de notre Christ, nous établirons facilement, d'après le grand prophète, l'arrivée du Messie à l'époque fixée.

Et si malgré nos efforts, l'univers persiste à méconnaître son sauveur, nous nous rappellerons que David a dit qu'il serait inconnu et ignoré de tous, et l'accomplisse-

[1] Bossuet (*Histoire Universelle*).

M. de Lorgues convient franchement que les dates ne s'accordent pas, mais il ajoute que Dieu ne peut prédire à quelle époque un fait arrivera, puisqu'il voit tout présent. (*Le Christ devant le siècle*).

ment de cette parole sera pour nous une nouvelle et manifeste preuve que nous suivons la bonne voie, et nous affermira davantage encore, dans notre inébranlable conviction.

Veîtes-vous oncques chien rencontrant quelque os médullaire? Si veu l'avez, vous avez pu noter de quelle dévotion il le guette... de quelle affection il le brise; qui l'induit à ce faire? quel est l'espoir de son estude? rien qu'un peu de mouelle.

A l'exemple d'iceluy, vous convient estre saiges... Puis, par curieuse leçon et méditation fréquente, rompre l'os, et sugcer la substantifique mouelle, c'est à-dire ce que j'entends par ces symboles Pythagoriques; avec espoir certain d'estre faictz escorts et preux à ladite lecture — car en icelle, bien aultre goust trouverez et doctrine plus absconse.

GARGANTUA (*Prologue.*)

NOTE JUSTIFICATIVE

Mathieu a cité 12 prophéties s'appliquant selon lui, à Jésus.

1° Une Vierge sera enceinte et elle accouchera d'un fils qu'on appellera Emmanuel.

2° Et toi, Bethléem terre de Juda, tu n'es pas la moindre entre les principales villes de Juda, car c'est de toi que naîtra le conducteur qui paîtra Israël, non peuple.

3° J'ai rappelé mon fils de l'Égypte.

4° On a ouï dans Rama des cris et des gémissements, Rachel pleurant ses enfants et ne voulant pas être consolée parce qu'ils ne sont plus.

5° Il sera appelé Nazaréen.

6° Le pays de Zabulon et Nephthali. La Galilée des Gentils, le peuple qui était assis dans les ténèbres a vu une grande lumière,et la lumière s'est levée dans ceux qui étaient assis dans l'ombre de la mort.

7° Voici mon serviteur que j'ai élu, mon bienaimé en qui mon âme a mis toute son affection.

8° Vous entendrez de vos oreilles, et vous ne comprendrez pas, vous verrez de vos yeux et vous n'apercevrez point.

9° J'ouvrirai ma bouche en similitudes, j'annoncerai les choses qui ont été cachées depuis le commencement du monde.

10° Dites à la fille de Sion : Voici ton roi qui vient à toi, débonnaire et monté sur un âne et sur le poulain de celle qui a porté le joug.

11° Je frapperai le berger et les brebis du troupeau seront dispersées.

12° Ils ont partagé un habit et ils ont jeté le sort sur une robe.

— Marc cite la prophétie du berger, mais en ajoute deux autres :

1° Ma maison sera appelée par toutes les nations une maison de prière.

2° Il a été mis au rang des malfaiteurs.

— On n'en trouve qu'une seule dans Luc :

L'esprit du Seigneur est sur moi, c'est pourquoi il m'a oint, il m'a envoyé pour annoncer l'évangile aux pauvres, pour guérir ceux qui ont le cœur brisé, pour délivrer les captifs, rendre la vue aux aveugles et publier l'année favorable au Seigneur.

— Jean est plus généreux : outre la dixième et dernière de Mathieu, il en cite 7.

1° Le zèle de ta maison m'a dévoré.

2° Seigneur, qui a cru à notre prédication et à qui le bras du Seigneur a-t-il été révélé ?

3° Il a aveuglé leurs yeux et a endurci leurs cœurs, de sorte qu'ils ne voient pas des yeux, qu'ils ne se convertissent pas du cœur et que je ne les guérisse point.

4° Celui qui a mangé du pain avec moi, a levé le pied contre moi.

5° Ils m'ont donné du fiel à mon repas, et dans ma soif ils m'ont abreuvé de vinaigre.

6° Aucun de ses os ne sera rompu.

7° Ils verront celui qu'ils auront percé.

Et c'est tout! Ainsi, dans toute la Bible voilà ce qu'ont pu découvrir les évangélistes; pas un mot sur le crucifiement! pas une phrase sur la résurrection ! des lambeaux de versets, des débris de psaumes s'appliquant aux épisodes les plus insignifiants de la vie de Jésus, comme ils s'appliqueraient à la vie de tout autre. (Voir Toussaint Michel, *Critique des Religions*, p. 30.)

FIN

www.ingramcontent.com/pod-product-compliance
Ingram Content Group UK Ltd.
Pitfield, Milton Keynes, MK11 3LW, UK
UKHW031942260826
14628UKWH00004B/1793

9 782013 490337